KV-568-848

Mae Sian yn cyrraedd y gwaith.

3

Llety'r Ddraig

10.00 Cyfarfod Cwmni
Teledu

Llety'r Ddraig

10.00   Cyfarfod Cwmni
Teledu

Mae cyfarfod heddiw.

4

Y cyfarfod

Bethan Clement

Cardiff Libraries
www.cardiff.gov.uk/libraries

Llyfrgelloedd Caerdydd
www.caerdydd.gov.uk/llyfrgelloedd

Canolfan
Peniarth

ACC. No: 02717188

2

Mae hi'n edrych yn smart.

5

Mae Sian yn darllen.

Llety'r Ddraig

Enw'r Cwmni?

Cwmni Teledu

Dyddiad?

23 Hydref

Amser?

10.00

Faint o bobl?

8

Beth sydd angen?

te, coffi a bisgedi am 10.00, dŵr, papur a beiro ar y bwrdd, siart fflip, cyfrifiadur a bwrdd gwyn yn yr ystafell.

7

Mae Sian yn rhoi wyth gwydr ar y bwrdd.

Mae hi'n rhoi dŵr ar y bwrdd.

Mae Sian yn rhoi wyth pad ysgrifennu ac wyth beiro ar y bwrdd.

Mae hi'n rhoi wyth cadair wrth y bwrdd.

Mae Sian yn rhoi'r siart fflip yn yr ystafell.

Mae hi'n rhoi'r te a'r coffi ar y troli.

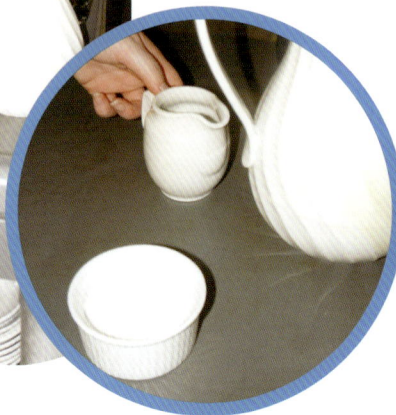

Mae Sian yn rhoi'r siwgr a'r llaeth
ar y troli.

14

Mae hi'n rhoi wyth cwpan a soser ar y troli.

15

Mae Sian yn paratoi'r cyfrifiadur a'r bwrdd gwyn.

Mae popeth yn barod.

18

Mae Sian yn dangos pawb i'r ystafell.

Mae Sian yn helpu gyda'r te a'r coffi

20